ÉLECTIONS

DE LA CORSE.

PÉTITION AUX CHAMBRES.

A LA CHAMBRE DES PAIRS,

ET

A LA CHAMBRE DES DÉPUTÉS

DES DÉPARTEMENS.

———

NOBLES PAIRS ET MESSIEURS,

LA CHARTE, en exigeant des éligibles la justification de 1,000 fr. d'impôts directs, a prévu le cas où il ne se trouverait pas dans un département cinquante citoyens payant un cens aussi élevé. L'art. 39 porte que, dans ce cas, le nombre de cinquante sera complété par les plus imposés au-dessous de 1,000 fr., et que ceux-ci pourront être élus concurremment avec les premiers.

L'art. 40 exige que les électeurs qui concourent à la nomination des députés paient 300 fr. d'impôts directs; il ne prévoit pas le cas où il n'y aurait pas suffisamment de citoyens payant cette quotité, et n'a pas, comme le sénatus-consulte du 16 thermidor an X, fixé au *minimum* de deux cents le nombre des électeurs, comme il a fixé le *minimum* des éligibles. Aussi, par l'ordonnance du 13 juillet 1815, cet article de la charte devait-il être révisé. Il y a lacune évidente. Cette année, un département tout entier (la Corse) se trouvait réduit au nombre d'une dizaine d'électeurs réellement domiciliés dans le pays, ou ayant la capacité voulue par la loi. Cet état de choses appelle certainement une mesure législative analogue à celle de l'art. 39 ; elle est d'autant plus nécessaire, que, par suite des dégrèvemens successifs de l'impôt foncier, plusieurs autres départemens pourraient voir leur corps électoral successivement réduit à un état voisin de celui de la Corse ; tandis que s'il y avait un *minimum*, comme dans la constitution de l'an X, ce dégrèvement n'empêcherait pas que le corps électoral pût subsister et légitimement représenter le pays.

Nous appelons toute l'attention des Chambres sur cette grande question, et nous sollicitons une disposition législative, à moins que le dernier alinéa de l'art. 2 de la loi du 2 mai dernier, qui fixe un *minimum* de huit cents individus, pour la première comme pour la deuxième partie de la liste dressée par les préfets, formée des citoyens les plus imposés, même au-dessus de 300 fr., ne soit applicable aux colléges électoraux comme au jury. Cette loi régit la Corse aussi bien que la France continentale ; mais on nous l'a contesté.

Cette dernière question est d'autant plus importante pour nous, que nous avons été privés cette année des garanties nouvelles que la loi du 2 mai a données aux Français pour l'exercice de leurs droits politiques.

Nous nous demandons pourquoi cette loi, qui a été promulguée en Corse par l'envoi du bulletin officiel, n'y a pas reçu son exécution cette année comme dans les autres départemens de la France? Serait-ce parce qu'elle est intitulée *loi sur le jury,* et que le jury n'existe point en Corse? Mais, sans examiner ici jusqu'à quel point on a pu, par une ordonnance du 29 juin 1814, non insérée au Bulletin des lois, et postérieure à la Charte, priver notre pays des bienfaits que cette charte assure, sans examiner surtout pourquoi une question aussi importante a été laissée à l'arbitraire du gouvernement, nous demanderons depuis quand c'est le titre donné par la chancellerie à la loi qui règle ses effets et son application? Le titre des lois n'est point voté par les chambres; ce sont les articles.

L'art. 6 de la loi du 2 mai est exclusivement relatif aux élections; les alinéas un et deux de l'art. 2 imposent aux préfets de chaque département (et la Corse n'est point exceptée) l'obligation de dresser, le 1er août de chaque année, une liste dont la première partie est celle des électeurs, et dont la composition et l'exécution sont réglées par les art. 3, 4 et 5 de la même loi.

Évidemment il n'y avait pas impossibilité d'exé-

cuter cette loi. Aucune exception n'était écrite pour
la Corse : nous avons donc le droit de nous plaindre
de la violation de cette loi, et de ce que les minis-
tres, par l'ordonnance du 5 novembre 1827, nous
ont laissé dans l'état antérieur de la législation électorale.

Examinons maintenant quelles sont les illégalités
et même les fraudes commises à notre préjudice dans
ce département.

L'ordonnance du 5 novembre n'a été connue en
Corse que le 20. La première liste, arrêtée le 28,
ne fut affichée que plus tard dans les chefs-lieux de
sous-préfectures, et l'on ne se donna point la peine
de la faire publier dans les communes. N'est-ce pas
déjà une violation de l'art. 3 de la loi du 29 juin 1820
et de l'art. 3 de celle du 2 mai 1827?

La liste du 28 novembre contenait trente deux
noms, savoir : neuf fonctionnaires révocables du
continent, ayant à leur tête M. le comte de Lantivy,
préfet, qui s'est inscrit lui-même, tandis que la liste
officielle des éligibles, arrêtée par le vicomte Suleau,
prédécesseur de M. de Lantivy, en 1824, n'en contenait que deux, ayant peut-être leur domicile réel
dans le département.

Deux requêtes ont été présentées à M. le préfet,
au nom de M. Braccini, l'un de nos plus honorables
citoyens : la première tendant à l'élimination des

neuf fonctionnaires ; l'autre ayant pour objet la ra-
diation de dix électeurs qui ne payaient pas le cens
requis. Le préfet s'est refusé à constater la remise de
ces requêtes, ce qui est une véritable forfaiture pré-
vue par le n° 3 de l'art. 4 de la loi du 2 mai 1827.
Il prétendit ensuite que le signataire n'avait pas qua-
lité pour faire des réclamations électorales : on en-
voya près de lui un huissier avec mission de les lui
faire signifier. Nous articulons formellement le fait
que M. le préfet non-seulement refusa de recevoir la
copie de cette signification, et d'en viser l'original,
mais qu'il prit des mains de l'huissier original et copie, déchira le tout, et en imposa à cet officier mi-
nistériel, au point que celui-ci n'osa pas même verba-
liser pour constater ces procédés. Alors le signataire
prit le parti de faire assigner devant le tribunal les
neuf fonctionnaires, M. le préfet compris. Le tribunal était évidemment compétent, puisqu'il s'agissait
de domicile réel, et que l'ordonnance du 11 novembre 1827, rendue en Conseil d'état dans l'affaire de
MM. Noël et Lucy, a reconnu sur ce point l'incom-
pétence de l'administration.

Néanmoins, M. le préfet a élevé le conflit ; ainsi,
il s'est fait littéralement juge dans sa propre cause ;
mais le tribunal d'Ajaccio, par un jugement du 12
janvier 1828, a repoussé le conflit, et jugé la question de domicile réel contre les neuf fonctionnaires.

Rien de plus conforme à la loi que ce jugement.

Les fonctionnaires amovibles n'ont pas leur domicile réel dans le lieu où ils exercent leurs fonctions. Jusqu'à présent cela même a été une règle dans l'administration d'empêcher qu'ils n'acquièrent des propriétés, ne se marient ou ne forment des établissemens dans le lieu de leur résidence, parce que leur indépendance en serait compromise. Il y a donc présomption qu'un fonctionnaire amovible ne perd pas le domicile réel qu'il avait avant sa promotion; il en est à leur égard comme des militaires.

Aux termes de l'art. 104 du code civil, il faut qu'ils justifient, autrement que par leur translation de fait, de l'intention d'établir leur domicile dans le département de leur résidence, et par conséquent qu'ils fassent des déclarations positives à la mairie du lieu de leur ancien domicile, et à celle du lieu de leur nouvelle résidence, pour acquérir un domicile réel.

Quant au domicile politique, il faut deux déclarations aux préfectures respectives; mais la faculté de séparer ainsi son domicile politique de son domicile civil n'appartient, d'après la loi, qu'à ceux qui paient des contributions dans le département où ils veulent exercer leurs droits électoraux.

Au reste, c'est ici une question de fait; et le tribunal d'Ajaccio ayant jugé que les neuf fonctionnaires n'avaient pas leur domicile civil et réel en

Corse, il y a *chose jugée* à cet égard, et les votes qu'ils ont donnés au collége sont évidemment nuls. Il en est de même de M. le baron d'Hervey, intendant militaire, et Sollicoffre, directeur des douanes. Ils ont été également assignés devant le tribunal d'Ajaccio; et il y a lieu de croire que la même décision sera prononcée.

Le refus par M. le préfet de statuer sur les dix électeurs auxquels on a contesté le cens électoral, suffit pour rendre les droits de ces électeurs plus qu'équivoques; car enfin M. le préfet était, aux termes de la loi du 5 février 1817, le fonctionnaire qui devait statuer au premier degré. Il n'y a plus qu'une poursuite correctionnelle qui puisse punir l'usurpation de fonctions publiques commise par ces électeurs.

Ce n'est pas tout: la liste des éligibles de 1824 comprenait jusqu'à trente-deux citoyens âgés de quarante ans, payant plus de 300 fr. d'impôts. Le devoir de M. le préfet était de les porter sur sa liste d'office, ou de leur faire connaître pour quel motif ils devaient être rayés. (Il est à remarquer qu'il n'y a pas eu de dégrèvement en Corse.) Parmi les citoyens omis sur la liste, on remarque M. le comte Colonna d'Istria, premier président de la cour royale, éligible et candidat de l'opposition; Abbatucci et Arrighi, conseillers à la cour, Santelli et Campana, négocians, Malaspina, membre du conseil général, Piazza et Ortoli, propriétaires, et plusieurs autres citoyens distingués, dont la fortune a plutôt augmenté que diminué depuis 1824. Ils ont réclamé quinze jours avant la publication de la liste définitive ; mais le préfet a ouvertement violé à leur égard les lois et les principes en rejetant leurs réclamations, sachant bien que le recours au Conseil d'état ne serait pas suspensif, d'après la législation antérieure à la loi du 2 mai 1827.

Enfin, et par son arrêté du 28 décembre 1827, M. le préfet a rayé de la liste les noms de M. le général Casalta, le plus fort imposé du département, Pietri, ex-préfet, et Rocca-Serra de Porto-Vecchio, lesquels, depuis vingt ans, ont toujours payé au-delà de 300 fr. Ces radiations sont motivées sur le défaut de justification, parce qu'ils n'avaient produit leurs pièces que par l'intermédiaire d'un mandataire verbal. Ces messieurs ayant offert dix jours avant l'ouverture du collége, fixée au 5 janvier, c'est-à dire avant le 25 décembre, le préfet leur répondit qu'il n'était plus temps.

Les maires étant chargés de certifier la possession des propriétés, des instructions leur furent données de favoriser les candidats du préfet, en certifiant des faits inexacts. Le maire de Coggia ayant refusé au sieur Moltedo, receveur des finances de l'arrondissement de Bastia, signalé parmi les faux électeurs, une déclaration de possession, a été menacé de destitution. Les sous-préfets ont refusé de recevoir les pièces et d'en délivrer récépissé, malgré les sommations qui leur ont été faites.

Quant au choix des candidats, M. le préfet présenta d'abord MM. de Rivarola et Delavau, préfet de police à Paris. Celui-ci fut abandonné le 2, pour faire place à M. Dudon, et enfin le 3 au matin, il s'arrêta définitivement sur M. de Vatismenil qui n'a pas l'âge. Le président du collége, M. Daligny, hôte de M. le préfet, a été choisi parmi les non-électeurs. MM. Moltedo, Colonna, Cesari, scrutateurs, et Lanoy secrétaire du bureau provisoire ne sont pas non plus électeurs. Une protestation signée par huit électeurs et déposée sur le bureau avait pour but d'écarter les votans, qui n'avaient pas la capacité, soit par défaut de domicile, tels que les fonctionnaires, soit pour défaut de cens, à l'égard des domiciliés de la Corse.

Les choix se dirigeaient sur MM. le comte Colonna d'Itria et Pozzo di Borgo. Le préfet présent dans la salle fit annoncer par le président du bureau, à l'ouverture de la séance, que le premier n'étant pas porté sur la liste des éligibles, on ne lui tiendrait pas compte des suffrages obtenus ; question dont la solution n'appartient qu'à la chambre des députés.

Au dépouillement du scrutin, il y a eu protestation signée de cinq électeurs, parce qu'on a annulé onze suffrages obtenus par l'honorable premier président. C'est par ces moyens que M. Rivarola a obtenu vingt-sept suffrages et M. de Vatismenil vingt-trois, tandis que M. Pozzo di Borgo n'en a obtenu que douze, et M. Colonna d'Istria onze. M. de Vatismenil, s'il est éligible, aura sans doute été fort étonné d'apprendre la nouvelle de sa nomination dans un pays où il n'est connu de personne.

Il est évident que les élections de la Corse ne sont pas l'expression de l'opinion légale et spontanée du pays, mais l'œuvre de la violence et de l'illégalité. Ici les réflexions sont inutiles.

Nous demandons que les Chambres invitent son Exc. le ministre de l'intérieur à se faire représenter les élémens qui ont servi à former la liste électorale de ce département, comme il l'a fait sur la demande d'un honorable député pour le département de la Meuse, (le comte de Sainte-Aulaire.) Elle y verra que c'est au moyen d'altérations visibles et commises sur les rôles, que plusieurs ont reçu une augmentation de contributions. C'est ainsi que le nom de M. Roch Colonna Cesari a remplacé M. Caïus, son frère, qui s'y trouvait précédemment porté, quoique les biens soient possédés par leur père encore vivant. Nous savons que sa grandeur Monseigneur le garde-dessceaux est en ce moment saisi d'une plainte en faux adressée à son département par M. le procureur général à la cour de Corse, et qui a trait aux élections.

Si la liste des électeurs eût été réduite à dix-neuf, d'après les droits de ceux qui ont la capacité légale au lieu de trente-huit portés sur la liste définitive, MM. Colonna d'Istria et Pozzo di Borgo auraient obtenu la majorité.

Tels sont les faits que le soussigné est chargé d'exposer à la Chambre et qu'il appuie de la copie du jugement du 12 janvier 1828, des pétitions et autres actes locaux; s'il n'en produit pas davantage, les chambres apercevront facilement qu'il était impossible de faire plus dans un pays où l'autorité locale exerce une si pernicieuse influence, et d'ailleurs les communications ont été interceptées par une quarantaine de sept jours, que le préfet seul a eu le privilége de faire lever.

De tels obstacles justifient suffisamment le défaut de production complète; mais si la validité de l'élection est ajournée, comme la Chambre l'a fait plusieurs fois, toutes les pièces arriveront.

PRODUCTION :

1º Protestation originale au sein du collége électoral de la Corse à Ajaccio, le 11 janvier 1828, signée de MM. Tommasi (Ign.), proprié-

taire ; A. J. Pietri, membre du conseil général ;
P.P. Franceschini, membre du conseil général; A. Colonna d'Istria, propriétaire ; Gaffori, propriétaire;
J. Gregori, propriétaire et négociant; J. P. Roccaserra, propriétaire et membre du conseil d'arrondissement de Sartène ; V. T. Morati propriétaire ;
dont les signatures sont de moi connúes.

2° Copie, certifiée du jugement du 12 janvier 1828, du tribunal civil d'Ajaccio.

3° Réclamation sur les faux électeurs, en date
à Ajaccio du 25 décembre 1827, certifiée conforme
à l'original adressé à M. le préfet.

4° Protestation au sein du collége électoral du 4
janvier 1828, sur les voix ôtées à M. le premier président d'Istria, ladite protestation signée de MM. J.
P. Roccaserra; A. V. Colonna d'Istria ; A. Ornano;
Pozzo di Borgo ; Gaffori ; A. J. Pietri; J. Gregori,
Lota négociant, Tommasi, et T. Morati.

5° Une pétition à la Chambre des députés, datée
d'Ajaccio, du 5 janvier 1828, signée de MM. Pietri;
Morati; Gaffori, et J. Grégory.

J. P. DE SUSINI DELLA ROCCA,

Avocat à la cour Royale d'Ajaccio, membre de la députation
de la Corse à la seconde restauration, 14 février 1816, et
ancien membre du conseil général.

PROTESTATION

AU SEIN DU COLLÉGE ÉLECTORAL DE LA CORSE.

Les soussignés, membres du collége électoral de
la Corse, ayant assisté au dépouillement du scrutin,
ont reconnu, au moyen d'une note exacte tenue par
quelqu'un d'entre eux, que M. le comte Colonna
d'Istria, premier président de la Corse, a obtenu
onze suffrages ; qu'ils sont étonnés de voir qu'il s'é-
lève des difficultés à l'effet de constater dans le procès-verbal le nombre de voix obtenues par M. le
premier président, sous le prétexte que son nom ne
se trouve pas inscrit sur·la liste des éligibles, pu-
bliée par M. le préfet ;

Qu'il n'appartient qu'à la chambre des députés de
vérifier la condition de l'éligibilité, et que dès lors
le bureau est incompétent pour préjuger une sem-
blable question ;

Que, s'il en était autrement, il dépendrait de
M. le préfet de priver de l'éligibilité des citoyens y
ayant les droits les plus positifs, et que ceux de
M. Colonna d'Istria sont incontestables, d'après
même l'arrêté de M. le préfet du 21 décembre dernier, ensemble de l'expédition du testament, dont est
mention dans ledit arrêté, desquelles pièces il résulte
à l'évidence que M. Colonna d'Istria paie, selon les

bases adoptées par M. le préfet, au moins 238 fr. 25 c., et par conséquent plus que MM. Catoni et Angeli, qui terminent la liste des éligibles.

A ces causes, ils demandent que le procès-verbal fasse mention de la quantité des votes exprimés en faveur de M. le premier président Colonna d'Istria; et, à défaut, qu'il leur soit octroyé acte de cette demande.

Fait double, dans la salle du Collége, cejour-d'hui quatre janvier 1828.

Signé, Jean-Paul Rocca-Serra, Colonna d'Istria, M. A. Ornano, Pozzo di Borgo, Gaffori, Pietri, Joseph Gregori, Tommasi, Morati.

TRIBUNAL CIVIL D'AJACCIO.

Braccini François-Xavier, propriétaire, demeurant à Ajaccio, demandeur, assisté de M. Saladini.

Le comte de Lantivy (Gabriel-Marie-Jean-Benoît), préfet de la Corse, Tétiot (Pierre-Antoine-René), directeur de l'enregistrement et des domaines, Vidal de Verneix (Gilbert-Marie-Titus), inspecteur des domaines, Durieu (Antoine), receveur-général, de Praille (Mathieu-André), Chabert, chef de bataillon; les cinq premiers demeurant actuellement à Ajaccio, et le dernier en garnison à Corte, actuellement demeurant à Ajaccio, défendeur défaillant.

Ouï l'avoué du demandeur;

Ouï le ministère public qui a conclu;

«Considérant que dès qu'il y a conflit, il doit être sursis au jugement de l'affaire jusqu'à ce que la question de compétence soit jugée;

Considérant qu'au conseil d'état seul appartient de connaître le conflit élevé par l'autorité administrative;

Considérant qu'un conflit a été élevé par M. le préfet de ce département, relativement à la demande du sieur Braccini, intentée par exploit du 31 décembre dernier; ce considéré,

Nous requérons qu'il soit sursis au jugement de l'affaire, jusqu'à ce que la question de compétence soit jugée par le Conseil d'état. »

Le tribunal a prononcé:

Attendu qu'il est constant au procès que le sieur Braccini a fait signifier un acte à M. le préfet de la Corse, par lequel il lui représentait que différens individus ne devaient pas être compris sur la liste des électeurs, pour n'avoir leur domicile réel dans le département, pour n'avoir justifié de payer le cens électoral, et quelques-uns d'entre eux pour ne payer aucune contribution dans ce départe-tement. Cet acte étant resté sans effet, ledit Braccini, par exploit du 31 décembre dernier, dûment enregistré, a fait assigner les défendeurs, pour voir dire et déclarer qu'ils n'ont pas de domicile réel dans ce département. Un conflit d'attribution a été élevé par M. le préfet, motivé sur ce que c'est au Roi seul, en son Conseil d'état, à statuer sur la question de domicile politique ;

Attendu que dans l'espèce il ne s'agit pas de statuer sur le domicile politique des défendeurs, mais seulement d'exa-miner et dire droit sur la question si les mêmes ont leur domicile réel dans ce département ;

Attendu que d'après les dispositions de l'art. 6 de la loi du 5 février 1817, toutes les difficultés relatives à la jouis-sance des droits civils et politiques sont définitivement jugés par les cours royales. Or, la question à décider n'ayant pour objet que le domicile réel, le tribunal est seul com-pétent pour y dire droit, et l'arrêté de M. le préfet, par lequel il a prétendu élever le conflit d'attribution, n'étant motivé que sur la question de domicile politique, ne peut faire suspendre la décision de la cause soumise au tribunal ;

Le tribunal, sans s'arrêter au conflit d'attribution élevé par M. le préfet, et sans entrer dans aucune disposition sur le domicile politique des défendeurs, a dit et ordonné qu'il sera statué sur leur domicile réel, et disant droit sur la question de domicile réel des défendeurs;

Attendu que le domicile réel d'un Français est celui dont le législateur s'est occupé au livre Ier, tit. 3 du Code civil;

Attendu que ce serait raisonner contre les principes de droit si l'on voulait admettre que la simple résidence con-stitue le domicile réel ;

Attendu que d'après les dispositions de l'art. 106 du Code civil, tout citoyen appelé à une fonction publique temporaire ou révocable, conserve le domicile qu'il avait auparavant, s'il n'a pas manifesté d'intention contraire ; n'étant pas justifié que les défendeurs auraient manifesté leur intention de vouloir changer de domicile, il y a lieu de décider qu'ils ont voulu conserver leur domicile d'origine ;

Attendu que les défendeurs n'ont constitué avoué ni fourni aucune défense contre l'exploit d'ajournement, et Me Saladini, avoué du demandeur, ayant conclu à ce que défaut lui soit accordé ;

Le tribunal, faisant droit à la demande et conclusion des demandeurs, leur a donné défaut contre les défendeurs défaillans ; et, pour le profit, a dit et déclaré que les mêmes n'ont point de domicile réel dans ce département, les condamne aux dépens liquidés à la somme de.....

Commet l'huissier, etc.

Prononcé à l'audience publique extraordinaire du 12 janvier 1828.

Signé GRAZIANI, président.

POZZO DI BORGO, greffier.

IMPRIMERIE DE E. DUVERGER,
RUE DE VERNEUIL, N° 4